1. Auflage

Kontakt e-Mail: sperlingsida@yahoo.de
Satz und Layout: Heidi Dahlsen
Covergestaltung: Heidi Dahlsen
Coverfoto: Marika / pixelio.de
Die Bilder wurden gestaltet bei:
http://photofunia.com/
Druck und Bindung: createspace.com

ISBN 13: 978-1508687269
ISBN 10: 1508687269

Heidi Dahlsen

KAMPFANSAGE

Mein Kampf gegen:

Depressionen

Panikattacken

Gefühlsloopings

Solange ich zurückdenken kann, habe ich mich immer irgendwie „komisch“ gefühlt. Na ja, wer weiß schon, wie sich „normal“ anfühlt?

Erst nachdem ich (im Alter von 40 Jahren) eine Psychologin um Rat fragte, erfuhr ich, dass mein ständiges „Sich-irgendwie-nicht-normal-fühlen“ eine Folge des ständigen Alleinseins in meiner Kindheit ist.

Bei meiner Psychologin redete ich wie ein Wasserfall, denn aus meinem Kopf wollten so viele Erinnerungen heraus und während der Therapie hatte ich die Möglichkeit, endlich alles auszusprechen und rauszulassen.

Meine Mutter gab mir die Warnung mit auf den Weg: „Wenn du schon zum Psychologen gehst, dann erzähle dort nicht so viel, das alles geht keinen was an.“ Das ignorierte ich, weil ich gesundheitlich, körperlich und psychisch total am Boden war. Irgendwie musste ich mir ja Hilfe holen.

Eine Bekannte war entsetzt, als sie erfuhr, dass ich nicht mehr schweigen werde und nannte mich: „Nestbeschmutzer!!!“

Tja, sicher bin ich das ... aber ... ich fragte mich: „Hatten meine Eltern das Recht, mich als hilfloses Kind ständig spüren zu lassen, dass ich ein Störfaktor in ihrem Leben war, sodass ich vor lauter Alpträumen Angst davor hatte ins Bett zu gehen, dass ich Wahrnehmungsstörungen bekam, die es mir lange Zeit unmöglich machten, das Haus zu verlassen und dass ich seelische Höllenqualen durchleben musste?"

Warum sollte ich Stillschweigen bewahren und es zulassen, dass die Erinnerungen meine Seele auffressen?!

Was meine Eltern getan haben ist NUR moralisch verwerflich, rechtlich zur Verantwortung gezogen werden sie diesbezüglich nicht.

Ich hoffe, auch mit dieser Buchveröffentlichung etwas bewirken zu können, denn ich möchte darüber aufklären, was schon allein eine lieblose Kindheit anrichten kann. Ich möchte Eltern ihre große Verantwortung gegenüber ihren Kindern vor Augen führen und somit vielleicht bei einigen ein Umdenken erreichen.

Meine Mutter sagte öfter: „Sympathien kann man nicht in der Apotheke kaufen, die muss man sich hart erarbeiten."

Theoretisch hatte sie es voll drauf, aber für die Umsetzung fehlten ihr Gefühle und Mutterliebe.

Der Partyknaller zu jeder Familienfeier war der Ausspruch meines Vaters: „Unsere Tochter ist nur entstanden, weil wir Langeweile hatten. Hoffentlich ist die bald erwachsen, zieht aus und wir können endlich unsere Zweisamkeit genießen und haben unsere Ruhe."

Diese kaltherzige Einstellung bekam ich von Anfang an mit voller Wucht zu spüren.

Nachdem ich mich vor ein paar Jahren endlich traute meinen Eltern meine Meinung zu sagen, (ich könnte auch sagen, die Therapie zeigte die ersten Erfolge), brachen sie ohne große Diskussion umgehend den Kontakt zu mir ab. Eigentlich hatte ich nur geäußert, dass ich mir ihr oftmals entwürdigendes Verhalten nicht mehr länger gefallen lasse, denn ich dürfte wenigstens etwas Respekt von ihnen erwarten. (Unterdessen war ich 46 Jahre alt.)

Meine Mutter lachte mich lauthals aus und erwiderte: „Na, wenn du sonst keine anderen Probleme hast! So etwas haben wir nicht nötig“, und sie rauschten ab.

Bei der Aufarbeitung meiner Kindheit stieß ich auf ein Buch, bei dem mir bereits der Titel vermittelte, dass ich diesbezüglich nicht allein an ungelösten Problemen zu knabbern habe. („Warum Sie Ihre Eltern nicht erschießen sollten; 17 gute Gründe“ von Jacques Paradis)

Der Autor hat mir deutlich gemacht, dass meine Eltern ja eigentlich auch nicht daran schuld sind, dass sie so sind, wie sie sind, denn sie waren auch mal Kinder und ihren Eltern hilflos ausgesetzt. Aber gerade da müssten sie doch wissen, dass ein Kind ein liebevolles Zuhause braucht und es bei ihrem eigenen besser machen, oder?

Bereits unmittelbar nach meiner Geburt ließen sie mich viel allein, denn sie waren der Überzeugung, dass man von Anfang an einem Baby nur wenig Aufmerksamkeit zuteilwerden lassen sollte, vor allem wenn es schreit, denn sonst wird es zu sehr verwöhnt und stellt immer höhere Ansprüche.

Also wurde ich jedes Mal, wenn ich schrie, ans offene Fenster gestellt, damit ich frische Luft bekam und gut durchatmen konnte.

Besonders stolz berichtete meine Mutter öfter, dass sie mich im Alter von sechs Monaten in eine Sofaecke klemmte, mir ein Stück Brötchen in die kleine Faust drückte und dann erst mal in Ruhe einkaufen ging ...

Freitags und samstags besuchten sie ihre Freunde oder gingen in Konzerte. Sie warteten nicht, bis ich eingeschlafen war. Besonders in der dunklen Jahreszeit bekam ich ziemlich viel Angst allein in der Wohnung. An ein entspanntes ruhiges Einschlafen war da nicht zu denken.

Meine Eltern gaben mir immer wieder deutlich zu verstehen, dass ich faul bin, wenn ich nichts tue.

Mit dem Ausspruch: „Mach, mach, mach!!! Beweg dich!“, trieben sie mich zu Höchstleistungen in Schule, Studium, meiner Freizeit und später im Job an, denn aus mir sollte ja mal etwas Ordentliches werden. Mein Vater setzte noch einen drauf. Oftmals gab es einen Schlag auf den Hinterkopf, begleitet von den Worten: „Du Dumme, beweg dich.“ Das sollte mich motivieren und würde mein Denkvermögen erhöhen, meinte er dann immer grinsend.

Für die Zeit, in der ich allein zuhause war, legten sie mir Zettel mit Anweisungen hin, was ich im Haushalt alles zu erledigen hätte. Auch, damit keine Langeweile aufkam. Das machte ich sogar gern, denn ich dachte, wenn ich viel erledige und alles schaffe, dann wären meine Eltern zufrieden, würden sich freuen und dann hätten sie mich vielleicht auch ein bisschen lieb.

Schon bald führte ich meinen Eltern den Haushalt. Das blieb unseren Nachbarn und den Familien meiner Freunde nicht verborgen. Die Mutter einer Freundin verriet mir, dass mein Spitzname in der Nachbarschaft als Kind Aschenputtel war ...

Ich wünschte mich zwischenzeitlich sogar in ein Kinderheim, denn ich war der Überzeugung, dass nicht mal dort jemand ständig allein sein muss. Dass es in DDR-Kinderheimen auch nicht rosig war, erfuhr ich erst viel später. Als Kind konnte ich das nicht erahnen.

Wenn meine Eltern mal zuhause waren, ließen sie mir keine Ruhe, ich durfte nie ausschlafen, auch am Wochenende musste ich 6.30 Uhr aufstehen, mit der Begründung: „So lange du deine Beine unter unseren Tisch steckst ...“

Im Urlaub klingelte der Wecker sogar 5.30 Uhr, damit keine wertvolle Erholungszeit verstrich. Im Gebirge wanderten wir zwischen 15 und 30 Kilometer an einem Tag. Es wurden viele Fotos geschossen, damit wir zuhause dann sehen konnten, wo wir überall waren und was wir gesehen hätten, wenn wir mal eine Pause eingelegt hätten.

Mein Vater war auch der Überzeugung, dass man einem Kind am schnellsten schwimmen lehrt, indem man es einfach ins tiefe Wasser schmeißt. Er stand höhnisch lachend am Ufer und genoss meinen Überlebenskampf.

Immerzu hörte ich nur: „Reiß dich zusammen und hab dich nicht so!“

Es musste mit 100 % Leistung vorangehen.

Da ich keine Geschwister hatte, war ich meinen Eltern und ihrem Lebensstil voll und ganz allein ausgeliefert.

Ich bekam nicht vermittelt, dass man auch ohne schlechtes Gewissen die Seele baumeln lassen, sich so entspannen und Kräfte sammeln kann.

Mit der Bahn kann ich bis heute noch nicht allein fahren, denn mein Großvater schleppte mich im Alter von acht Jahren während einer Familienfeier zum Bahnhof und verfrachtete mich kommentarlos in den Zug, mit dem ich allein nach Hause fahren sollte. Denn davor hatte ich als Kind große Angst. Diese Höllenfahrt konnte ich nie vergessen und in meinen Albträumen erlebte ich in regelmäßigen Abständen auch als Erwachsene noch die schlimmsten Dinge in Zügen sowie an Bahnhöfen.

Sicherlich hatte mein Großvater einen guten Grund dazu, denn eine Tante erzählte mir, dass meine Uroma, also die Mutter meines Opas, eine *komische* Frau gewesen wäre. Da sie bereits einige Jahre tot war, als ich zur Welt kam, kannte ich sie nicht und wusste auch nichts von ihr. Probleme wurden in meiner Familie schon immer totgeschwiegen und über „Früher“ wurde nie gesprochen. Jedenfalls erzählte die Tante, dass meine Uroma sehr still gewesen sei, nie zu Familienfeiern anwesend war und oft gesucht wurde. Man fand sie dann versteckt und zusammengerollt im Stall oder Schuppen, wo sie schlief oder vor sich hin döste. Vielleicht erinnerte ich ihn mit meinem ängstlichen Verhalten an sie und er wollte nur das „Beste“ für mich. Es hörte sich sehr danach an, als hätte meine Uroma auch unter Depressionen gelitten. Denn ihr Verhalten kam mir sehr bekannt vor. Auch ich verspüre oft den Drang, mich in einer Ecke zusammenzurollen und wünsche mir nichts sehnlicher, als endlich vor allem meine Ruhe zu haben.

Die Kaltherzigkeit und Ablehnung sorgten dafür, dass meine Gedanken verrücktspielten und meine Seele krank wurde.

Auch dass ich weder angeborenes noch anerzogenes Selbstvertrauen besaß, hatte Wahrnehmungsstörungen zur Folge. Angst-, Panikattacken und Depressionen, täglich mehrmalige Gefühlswechsel ohne ersichtlichen Grund von tief-traurig bis übermütig kamen schon bald dazu.

Im Alltag versuchte ich, mir nichts anmerken zu lassen, jedoch war das auf Dauer kaum möglich, außerdem kostete das viel Kraft. Ohne körperlich etwas zu tun, empfand ich es eher so, Schwerstarbeit geleistet zu haben. Sport soll gesund sein ... tja, aber wie soll man sich bewegen, wenn man schon in der Ruhephase das Gefühl hat, einen zentnerschweren Sack mit sich rumzuschleppen?!

Während meiner ersten Therapie, die ich 2002 begann, lernte ich als erstes durchzuatmen und erfuhr, wie wichtig die richtige Atmung ist. Meine ständig wiederkehrende Bronchitis erklärte sich damit, dass ich immer nur flach und nie richtig durchgeatmet hatte. Ich war schon bald so erschöpft von der Aufarbeitung meiner Erlebnisse und dem Sortieren meiner Gedanken, dass ich sieben Monate die meiste Zeit des Tages auf der Couch verbrachte.

Irgendwann war mir das selbst zu viel und ich dachte: „Ich muss doch nun mal fertig sein mit faul rumliegen.“ Ich kam einfach nicht auf die Beine und zwang mich, wenigstens das Nötigste im Haushalt zu machen. Vormittags lag ich „faul“ rum, sammelte Kräfte, ließ meine Gedanken kreisen, überlegte mir, was ich unbedingt machen musste, damit das reale Leben nicht verlotterte. Und am späten Nachmittag holte ich Schwung, rang mich durch und machte der Reihe nach das Nötigste. Mein Mann ist Journalist und war viel unterwegs, die Kinder waren in der Schule. Das hatte den Vorteil, dass sie nicht viel davon merkten, denn bis sie nachhause kamen, hatte ich meistens das Wichtigste erledigt. Sie sollten nicht merken, wie mies ich mich fühlte. Auf die Idee, sie um Hilfe zu bitten, kam ich nicht, denn mir wurde ja eingetrichtert: „Reiß dich zusammen und hab dich nicht so.“ Und das tat ich.

Der Ausspruch: „Abends werden die Faulen fleißig“, kam mir in den Sinn.

Jedoch wurde mir bewusst, dass ich nicht faul, sondern vielmehr sehr krank war, und wirklich erst abends etwas erledigen konnte. Mein schlechtes Gewissen hielt sich deshalb etwas in Grenzen.

Der ständige Wechsel von Glückseligkeit bis Traurigkeit trieb mich fast in den Wahnsinn. Ich hatte einen Dauerfahrschein für die Gedanken-Achterbahn gelöst und der wurde abgefahren bis zum „Geht-nicht-mehr“. Ohne Halt, ohne Entspannungsphasen.

Meine Therapeutin forderte mich auf, mich einfach mal zurückzulehnen und die Augen zu schließen. Dann fragte sie mich, was ich spüre. Es fühlte sich an, als wäre ich in einem Bienenstock gelandet und der Schwarm würde durch meinen Körper wüten.

Das viele Alleinsein hatte meinem Gehirn die Möglichkeit gegeben, „dumme“ Gedanken zuzulassen.

Mein reales Leben nahm darauf keine Rücksicht, der Alltag sowie das Familienleben wollten trotzdem bewältigt werden. Ich rang mich durch, wenigstens meinem Mann und den Kindern zuliebe, durchzuhalten. Ständig bekam ich Panik sowie Urlaube, Termine, Ausflüge anstanden, gefolgt von Schweißausbrüchen, Durchfall im Wechsel mit Brechreiz. Trotzdem versuchte ich, mir nichts anmerken zu lassen. Erholung im Urlaub war für mich undenkbar, ich kam nicht zur Ruhe. Wenn Arzttermine anstanden, erlitt ich Panikanfälle. Ich durfte gar nicht daran denken und wusste nicht, wie ich es schaffen sollte, zu einer bestimmten Zeit bei einem Arzt aufzutauchen, mich geduldig ins Wartezimmer zu setzen und die Untersuchungen auszuhalten. Veranstaltungen in Kita und Schule wurden zu einer einzigen Qual, oft drückte ich mich davor und erfand glaubwürdige Ausreden. An die Teilnahme am öffentlichen Leben wie Kino- oder Konzertbesuche, war jahrelang gar nicht zu denken.

Körperliche Beschwerden stellten sich ein, die mir vorgaukelten schwer krank zu sein. Heftige Kopfschmerzen kamen hinzu und Kreuzschmerzen, die normale Bewegungen unmöglich machten. Von den vielen starken Schmerzmitteln bekam ich Magenschmerzen.

Dass all diese Beschwerden „NUR" psychosomatisch waren, erfuhr ich erst viel später. Meine Seele suchte sich ein Ventil und wollte erreichen, dass ich sie endlich von den Belastungen befreie.

Wahrnehmungsstörungen setzten ein, sowie ich das Haus verlassen musste, mir wurde schwindlig. Wenn ich eine Straße überqueren wollte, fühlte ich mich haltlos und schwankte, als wäre ich betrunken. Durch die Anspannung atmete ich kaum noch … und das war der größte Fehler. Das geschah unbewusst, in diesem Moment steigerte ich mich nur noch mehr in die Angst hinein.

Wie schlimm es eigentlich um mich stand, wurde mir bewusst, als ich die Straße überqueren wollte und ein herankommendes Auto übersah. Der Fahrer konnte gerade noch bremsen.

Mein erster Gedanke war: „Schade, dass er mich nicht überfahren hat“ - denn dann wäre mein Leben beendet gewesen und ich hätte endlich meine Ruhe gehabt.

Dieses Auf und Ab der Gefühle war kaum auszuhalten.

Meine Albträume würden verfilmt sicherlich einen Oscar in der Kategorie Horrorfilme einbringen.

Meistens „erlebte“ ich schlimme Dinge in der Einschlafphase: So sprangen öfter mal Ratten in mein

Bett und krabbelten unter die Decke. Oder eine Horde Affen stürmte das Schlafzimmer, manches Mal waren es Tausende Zecken, Schlangen, Spinnen, dabei habe ich nicht mal eine Phobie gegen diese Tiere.

Es gab sogar noch Steigerungen, denn als ich einmal aus dem Bett springen wollte, weil eine Ratte mich biss, stieß ich mit drei Schrumpfköpfen, die mich schallend auslachten, zusammen. Dieser Anblick war schockierend und unerträglich. Noch heute ist mir nicht klar, warum ich vor lauter Schreck nicht umgehend an Herzversagen starb. Dann hätte dieser Horror endlich ein Ende gehabt und meine Seele ihre Ruhe.

Aber so einfach war das nicht.

Einmal träumte ich, dass wir mit dem Auto unterwegs waren, all meine Lieben waren dabei. Ich freute mich, denn wir wollten in den Wald, um mit den Hunden einen ausgiebigen Spaziergang zu machen. Das tat mir immer gut, da konnte ich etwas entspannen. Meine Freude hielt nicht lange an, denn wir fuhren am See vorbei und ich bemerkte, dass das Ufer überflutet war, der Waldweg morastig, das Auto rutschte weg. Ich sprang raus und durfte dann zuschauen, wie der Wagen langsam versank, die Hunde im Kofferraum, meine kleine Enkelin im Kindersitz gut gesichert angeschnallt. Ich stand da, voller Entsetzen, konnte mich nicht rühren ... und musste zusehen, wie meine Lieben in den Fluten versanken.

Entweder ich träumte, dass ich in meinem Kinderzimmer im Bett lag, auf die Tür starrte und betete, dass sich diese nicht öffnen würde. Oder, dass ich immer wieder durch mein Elternhaus gejagt wurde, von Hunden verfolgt, oder von dunklen Gestalten. Dann stand ich am offenen Fenster, vor lauter Angst und Panik sah ich nur einen Ausweg, nämlich in die Tiefe zu springen. Ich erwachte mit Schweißausbrüchen und lag stundenlang wach im Bett. Tagsüber war ich hundemüde und erschöpft.

Dies hatte erst ein Ende, als ich im Traum in mein Kinderzimmer stürmte, die Schränke leer räumte, die Koffer schnappte, in mein Auto sprang und schnell wegfuhr, ohne mich umzuschauen. Die jahrelange Therapie und die Veröffentlichung meines ersten Buches „Lebt wohl, Familienmonster“, in dem ich über meinen ganz persönlichen Kampf gegen die Dämonen meiner Vergangenheit berichte und somit die Abrechnung mit denen, haben mich befreit.

Während der Therapie habe ich gelernt, die schlaflose Zeit zu nutzen. Erst atme ich bewusst, um zur Ruhe zu kommen und versuche, mir positive Gedanken zu machen. Was könnte ich Schönes in nächster Zeit tun. Ich schmiede Pläne, was ich gern mal tun würde ...

Es hat sehr lange gedauert, weil immer wieder das Teufelchen erschien, mich piesackte, vom richtigen Weg abbringen und davon überzeugen wollte, die Therapie abzubrechen. Das Teufelchen hatte sicher Angst, mich als Spielball zu verlieren, denn ich war ja so lange ein williges Opfer.

Und das ist das einzige, was mich ärgert, dass ich es habe so lange mit mir machen lassen. Allein kommt man jedoch aus dem Teufelskreis nicht raus.

Die passenden Worte und Ratschläge kann nur ein Außenstehender geben, weil man selbst im Gedanken-Karussell festhängt und den Ausgang und somit die Lösung nicht findet.

Schon bald bekam ich heftig zu spüren, was es mit dem Ausspruch: „Wer rastet - der rostet“, auf sich hat.

Meine Gelenke schwollen an, schmerzten stark. Die Untersuchung zeigte, dass ich an Arthrose litt. Das war die Folge meines vielen Liegens. Am schlimmsten ist es früh, wenn ich aufstehe. Es dauert einige Zeit, bis ich in Schwung komme und die eingerosteten Gelenke beweglich werden.

Es gibt keine Heilung. Die einzige Möglichkeit der Linderung ist Bewegung und zur Schmerzstillung bekam ich ein Medikament, das wiederum schnelle Gewichtszunahme zur Folge hatte, die ich gar nicht gebrauchen konnte.

Meine Essgewohnheiten:

Am elterlichen Esstisch saß mir mein Vater gegenüber. Sein Teller war immer randvoll beladen. Er schaufelte drauflos, kaute kaum, schlang alles runter und verputzte meistens noch einen Nachschlag. Im Urlaub am Frühstücks-, Mittags-, Abendbuffet war mein Vater der Erste, der sich den Teller belud, denn die anderen wurden von ihm als neunköpfige Raupen betitelt, die alles nur sinnlos in sich reinfressen würden ... und wenn er nicht rechtzeitig zuschlagen würde am Buffet, hätte er ja das Nachsehen. Kinder kopieren das Verhalten ihrer Eltern, also vertilgte ich ebenfalls alles Essbare, ohne jemals auf den Geschmack zu kommen. Essen wurde zur Sucht, auch hatte ich ständig das Gefühl, dass ich viel in mich reinschaufeln müsste, um bei Kräften zu bleiben.

Ich lernte frühzeitig Kuchen zu backen, das wurde eines meiner leckersten Hobbies. Wer kann frisch gebackenem Marmorkuchen schon widerstehen? Noch warm, luftig leicht, zergeht er auf der Zunge, ein Feuerwerk der Glückshormone wird freigesetzt, das ist ein unbeschreibliches Gefühl. Nach dem ersten Stück genehmigte ich mir ein zweites. So manches Mal schob ich noch ein drittes, das Randstück, das ja sowieso am schnellsten trocken wurde, hinterher. Mein Bauch war gut gefüllt und schon bald wurde ich schläfrig. Somit bemerkte ich das Alleinsein gar nicht und schlief vor dem Fernseher ein.

Die Mittagessenversorgung in der Schule war sehr lecker und man konnte so viel essen, wie man wollte. Die Küchenfrauen freuten sich über jeden guten Esser und waren sehr freundlich zu mir. Durch den Leistungsdruck, den mir meine Eltern machten, sah ich auch hier eine Belohnung und schaufelte viel zu viel in mich rein. Ich bekam Zuwendung, die ich zuhause vermisste und dies tat so gut.

Kein Wunder, dass mich Übergewicht plagte, ich schämte mich auch immer dafür, konnte aber nichts dagegen tun. Zu wenig Bewegung und zu viel Nahrungsaufnahme sorgten dafür.

Vor einigen Jahren konnte ich endlich damit beginnen und war seelisch überhaupt erst dazu in der Lage, umzudenken:

Manchmal ärgerte ich mich **nach** dem Essen, also wenn der Teller bereits leer war, dass es schon wieder ein Zuviel an Nahrung, die ich sinnlos in mich reingestopft hatte, war.

Schon bald schaffte ich es, einfach nicht aufzuessen ... und erst nach Monaten war ich überhaupt dazu fähig, von Anfang an weniger auf den Teller zu legen.

Und erst **danach** war es möglich, mir sprichwörtlich das Essen auf der Zunge zergehen zu lassen, die Nahrung zu genießen und vor allem langsam zu essen und gut zu kauen. Dieser Umgewöhnungsprozess dauerte wirklich einige Jahre. Es waren sehr viel Geduld und Durchhaltevermögen nötig.

Weil die Depressionen nicht weichen wollten, musste ich meiner Seele ja irgendwie zu Glücksgefühlen verhelfen und das war leckeres Essen.

Auch das kostete mich viele Nerven und Kraft.

Auf Seelenfutter (Naschereien) verzichte ich immer noch nicht, jedoch teile ich mir diese gut ein. Mein Süßkram wurde von mir in die obere Etage unseres Hauses verbannt, so habe ich das Zeug nicht ständig vor Augen habe. Sollte ich Appetit bekommen, muss ich erst nach oben gehen. Ich genehmige mir dann auch nur ein Stück, das ich bewusst genieße. Somit konnte ich die Menge des

Verzehres drastisch reduzieren und durch die zusätzliche Bewegung, das Treppensteigen, hält sich mein schlechtes Gewissen etwas in Grenzen.

Jetzt bin ich auf dem richtigen Weg. Der Kampf gegen das Übergewicht hat begonnen.

Im Wartezimmer eines Arztes zu sitzen war jedes Mal eine Herausforderung. Schweißausbrüche stellten sich ein - nicht etwa nur ein paar Tröpfchen, nein, nach fünfzehn Minuten sah ich aus wie frisch geduscht. Das war peinlich. Meine Beine entwickelten ein Eigenleben, wollten sich in Bewegung setzen und loslaufen. Alles in mir schrie: „Nur raus hier."

Zum Schein vertiefte ich mich in ein Buch, konnte mich jedoch auf den Text nicht konzentrieren. Auch hier merkte ich schon bald, dass ich kaum noch atmete und der Teufelskreis von vorn begann.

Als wir einmal Konzertkarten geschenkt bekamen, quälte ich mich meinem Mann zuliebe mit. Tage vorher stand ich unter Spannung, der Termin stand fest und wurde regelrecht zur Bedrohung für mich. Ich hatte das Gefühl, als müsste ich zu meiner Hinrichtung. Die Veranstaltung war für mich eher ein Horrortrip, es kam kein Genuss auf, leider ...

Der Onlinehandel machte es mir leicht, nicht unbedingt zum Einkaufsbummel in die Stadt zu müssen. Alles, was wir brauchten, konnte ich bequem von zuhause aus am Computer bestellen. Sehr selten fuhr ich nur meiner Tochter zuliebe mit ins Einkaufs-Center, war jedoch ständig in Gedanken auf der Flucht, hatte Bauchschmerzen, Durchfall, mir wurde schwindlig. Die Hektik und Unruhe in der Stadt, die vielen Menschen, von denen die meisten unzufrieden vor sich hinschauten, das alles trug auch nicht gerade zu meiner Wohlfühl-Atmosphäre bei. Im Gegenteil, es verstärkte meine negative Einstellung. Wegen der Sehstörungen erkannte ich nicht viel um mich herum, die Luft blieb mir weg, weil ich wieder nur flach atmete ... aber ich kämpfte mich durch, nur meiner Tochter zuliebe, weil sie sich wünschte, etwas mit mir zu unternehmen.

Als ich endlich wieder zuhause war, sank ich erschöpft auf die Couch und war für den Rest des Tages zu nichts mehr zu gebrauchen.

Die Dinge des täglichen Bedarfes musste ich wohl oder übel im Supermarkt besorgen. Auch davor graute mir, ich quälte mich wenigstens einmal in der Woche hin, bekam auf dem Parkplatz bereits Schweißausbrüche und hatte den Verdacht, einen Herzinfarkt zu bekommen, wenn ich mich nicht schnellstens wieder zurück auf meine Couch begab. Schaffte ich es hinein, packte ich schnell alles in den Korb. Das Warten an der Kasse stand bedrohlich vor mir. Ich atmete nicht, somit wurde mir schwindlig und die Panik hatte leichtes Spiel.

Schweißgebadet bezahlte ich und hetzte zum Auto.

Da mein Mann viel unterwegs war und die Kinder für die Schule zu tun hatten, wollte ich sie nicht damit belasten. Irgendwie hatte ich den Willen, zumindest etwas allein zu schaffen. Es war sehr schwer und ein ständiger Kampf gegen unsichtbare Kräfte.

Mein Seelen-Teufel war erfinderisch und suchte sich immer wieder neue Wege, um mich zu verwirren. Er saß fest in meinem Kopf, ließ schon bald den Blutdruck in die Höhe schnellen, daraus ergaben sich Herzrasen, Ohrensausen, Schwindelgefühle und zu guter Letzt Sehstörungen.

Irgendwie schaffte er es, dass ich mich sterbenskrank fühlte und wollte mich davon überzeugen, lieber im Bett zu bleiben.

Über all die negativen Dinge redete ich vorerst mit niemandem und versuchte, mir nichts anmerken zu lassen. Das kostete viel Kraft und sehr viele Lebensjahre, die ich vergeudet habe, bevor ich es endlich schaffte, mich zu einer Therapie durchzuringen.

Damals war ich der Meinung, dass jeder denken würde, ich sei verrückt. Und das wollte ich ja nun gar nicht.

Trotzdem nahm ich den Kampf auf und hielt drei Jahre ambulante Therapie durch. Während dieser Zeit erfuhr ich, dass sich meine Seele einen Weg suchte und laut um Hilfe schrie.

Das war mir dann irgendwann klar und wenn wieder mal ein Unwohlsein, in welcher Form auch immer, zuschlug, versuchte ich dies in Gedanken wegzuschieben, denn es war ja wirklich nur eingebildet.

Ich versuchte als erstes ruhiger zu atmen und mich abzulenken, indem ich mich auf etwas konzentrierte. Entweder ich las die Angaben auf den Produkten oder nahm mir eine bunte Zeitschrift und las darin. Das verkürzte moralisch die Wartezeit an der Kasse.

Bachblüten wurden mir von einer Freundin empfohlen. Diese probierte ich aus und schon bald halfen die mir sehr das Gefühls-Chaos einzuschränken. Notfalltropfen beruhigten mich wirklich, ich kam leichter mit dem Leben im Alltag zurecht. Schon bald war nur der Gedanke, Notfalltropfen genommen zu haben, ausreichend, mich besser und ruhiger zu fühlen.

Da es mir ganz gut ging, beendete ich die Therapie.

Zwei Jahre hat es gedauert, bis es wieder schlimmer wurde, sodass ich um eine Weiterführung bei der Psychologin bat. Schon bald ging es mir ganz gut, sodass ich dachte, nun reicht es. Aber da schlug das Schicksal erneut zu.

Nachdem ich im Jahre 2010 die Diagnose Krebs mit zwei Operationen und anschließender Chemotherapie zu verkraften hatte, war ich mit den Nerven am Ende. Durch die große seelische Anspannung bekam ich einen Darmverschluss, der keine organischen, sondern psychische Ursachen hatte. Das mir gut bekannte Wechselspiel der anderen Beschwerden stellte sich auch schneller als mir lieb war wieder ein und erinnerte mich sehr deutlich daran, dass ich psychisch noch lange nicht stabil war.

Also suchte ich erneut nach einem Therapeuten, den ich auch bald fand.

Nun bin ich schon wieder seit drei Jahren in ambulanter Behandlung und es geht mir besser. Ich bekomme keine Panik mehr, wenn jemand davon spricht, mit mir mal etwas unternehmen zu wollen.

Ein Unbehagen kommt dann erst kurz vor der Fahrt auf und unterwegs fühle ich mich auch nicht gerade rosig ... aber immerhin. Das ist für mich schon ein riesiger Schritt ins öffentliche Leben und ein Stück gewonnene Freiheit.

Nach einer Diagnose fragte ich nie, wahrscheinlich wollte ich es gar nicht so genau wissen. Die Erkenntnis, dass ich wirklich an Depressionen leide und das schon seit meiner Kindheit, traf mich wie ein Blitz aus heiterem Himmel.

Wie es dazu kam?

Als ich 2008 anfing zu schreiben und eigentlich nur, weil mein Kopf so voller unangenehmer Erinnerungen war und das Gedanken-Karussell mich fast in den Wahnsinn trieb, machte ich mir bereits im Voraus Gedanken darüber: „Also, wenn ich mit den Büchern an die Öffentlichkeit gehe, kann es passieren, dass ich mich bis auf die Knochen blamiere. Kann ich damit umgehen? ... JA!“
So weit - so gut.

Das erste Manuskript gab ich meinem Mann zum Probelesen und zog den Kopf ein, weil er als Journalist fachlich geschult ist. Er war ganz still und las und las und ... nachdem er fertig war, meinte er: „Das ist gut, das solltest du veröffentlichen."

Er half mir, meine Geschichte in Buchform zu bringen und suchte einen Verlag.

Schon bald merkte ich, dass das Schreiben meine Seele etwas befreit hatte.

Da ich im ersten Buch „Lebt wohl, Familienmonster" hauptsächlich meine Kindheitserinnerungen und Erfahrungen mit diversen Schwiegermüttern zu Papier gebracht hatte, setzte ich mich hin und schrieb und schrieb und schrieb ... einfach weiter.

Als ich 2010 die Diagnose Krebs bekam, hatte ich gerade das vierte Buch „Gefühlslooping" fertig. Ich stellte mich dem Kampf gegen die bösartigen Zellen, ließ mich operieren, quälte mich durch die Chemotherapie mit ihren unangenehmen Nebenwirkungen.

Von Anfang an gab ich im Krankenhaus an, dass ich psychischen Stress nicht gut aushalte, sodass die Ärzte und Schwestern vorgewarnt waren und die Chance hatten, mich in die Wüste zu schicken. Das taten sie nicht, im Gegenteil, ich bekam jedes Mal ein Einzelzimmer und ich hatte auch das Gefühl, dass sich so mancher etwas mehr Zeit für mich nahm.

So auch mein Onkologe, der während er ersten Chemo lange an meinem Bett sitzen blieb. Dafür bin ich ihm sehr dankbar. Ich erzählte ihm auch von meinen Büchern. Er wurde sozusagen mein erster Fan und motivierte mich, unbedingt weiterzuschreiben, denn er ist der Meinung: „Solche Bücher sind dringend nötig, um anderen Menschen Mut zu machen."

Diesen Wunsch erfüllte ich ihm nur zu gern und schrieb mir, nachdem ich nach der Chemo wieder zu Kräften gekommen war, auch diese Seelenqual vom Herzen. In meinem Buch „Seelenqual mit HappyEnd" berichte ich über meinen Kampf gegen die bösartigen Krebszellen.

Der Zuspruch meines Onkologen tat gut, denn ... auf meine Verwandten und Freunde hatte ich gehofft, dass sie mich unterstützen, meine Bücher lesen und eventuell weiterempfehlen. Aber da hatte ich falsch gelegen, denn die meisten wollen davon nichts wissen.

Ich habe gelernt: Nur, weil ich andere unterstütze, machen diese das noch lange nicht für mich. Wenn ich bisher die Sprache auf meine Bücher brachte, erntete ich genervte Blicke und Augenrollen, das Thema wurde einfach gewechselt.

Eine Cousine, die ständig zu mir kam, damit ich ihr half, meinte: „Nein, sowas lese ich nicht. Ich mag nur historische Romane." Ich antwortete: „Gut, dann liest du meine Bücher in 300 Jahren, dann passt es ja wieder."

Also mussten andere Wege her, denn ... ich lasse mich nicht unterkriegen.

Seit März 2011 bin ich bei Facebook. Eigentlich hatte ich das Profil nur eingerichtet, um meine Bücher vorzustellen und Leser zu finden. Ich war skeptisch, hatte sogar Herzrasen, als ich den ersten Beitrag postete und mir bewusst wurde, dass diesen nun viele Menschen zu sehen bekommen. Wenn schon meine Freunde und der Großteil meiner Familie kein Interesse hatten, wie sollte ich das dann bei mir völlig Fremden wecken können?!

Bedenken über negative Reaktionen kamen auf, denn mein Lesestoff ist keine leicht verdauliche Kost.

Es dauerte gar nicht lange und so mancher, der ebenfalls eine bewegte Kindheit hinter sich hatte, kein Verständnis bei seinen Eltern fand oder in eine Sucht abgerutscht war, schrieb mich an, suchte den Kontakt zu mir und bat um meine Meinung.

Einerseits tat es mir sehr gut, von anderen zu erfahren, was sie bisher erlebt hatten und dass deren Vergangenheit auch kein Zuckerschlecken war, andererseits nahmen sie meine Hilfe dankend an. Also pfiff ich darauf, den Desinteressierten aus meinem familiären Umfeld auf die Nerven zu gehen und konzentrierte mich auf meine „Facebook-Freunde".

Schon bald wurde ich in eine geheime Gruppe eingeladen, deren Mitglieder an Depressionen leiden. Dort las ich mir die Beiträge durch, kommentierte sie und stellte meine Bücher vor. Einige lasen sie, waren begeistert und empfahlen sie sogar weiter. Einzelne meinten, dass ihnen meine Bücher auch sehr gut gefallen, jedoch können sie sich nicht öffentlich dazu bekennen, denn so mancher würde ja dann denken, dass sie ebenfalls betroffen seien. Dafür habe ich vollstes Verständnis, denn als ich mit meiner Psychotherapie begann, war es mir auch nicht einerlei, wer das erfahren oder mich sehen könnte, wenn ich in die Praxis gehe usw. ...

Ich erfuhr weitere Details und Lebensgeschichten und war oft schockiert, sprachlos und versuchte Mut zu machen und nach Lösungswegen zu suchen. Ich merkte, dass die meisten auch niemanden in der Familie haben, der sie unterstützt. Ich erfuhr von viel Ablehnung auch in der Gesellschaft, auf Ämtern, bei Ärzten und dass es sehr schwer sei, Therapieplätze zu finden.

Je mehr ich mich mit der Thematik der psychischen Krankheiten beschäftigte und Kommentare in der Gruppe las, verglich ich meine seelische Verfassung mit den Ausführungen.

Und plötzlich wurde mir bewusst: „Ich bin ja auch depressiv."

Auf einmal hatte ich die Erleuchtung, dass auch meine Angstzustände, Panikattacken und Wahrnehmungsstörungen, der Wechsel meiner Stimmungen mehrmals täglich aus heiterem Himmel dazu gehörten.

„Ich bin psychisch krank!!!"

Das hat mich ganz schön umgehauen. Es hat mich auch Überwindung gekostet, öffentlich dazu zu stehen und es aussprechen zu können. Meine Bedenken, von den meisten als unnormal und verrückt abgestempelt zu werden, waren groß.

Schon bald wurde es mir wichtig, öffentlich darüber zu reden - denn, nur wenn jemand darüber redet, kann sich auch etwas ändern. Mit meinen Büchern hatte ich ja immer etwas zum Vorzeigen, sodass sich Betroffene und deren Angehörige informieren können.

Eine Bloggerin, der ich meine Bücher zum Rezensieren gab, schätzte das so ein: „Heidi Dahlsen schreibt nicht einfach nur Bücher, sondern füllt diese mit Lebensgeschichten. Für sie ist das Schreiben eine Form des Verarbeitens ihrer Erlebnisse. Sie möchte aufwecken und wachrütteln, die Menschen sensibilisieren und mit Vorurteilen gegenüber psychischen Erkrankungen aufräumen. Sie wünscht sich, dass von diesen Krankheiten betroffene Menschen von der Gesellschaft toleriert, akzeptiert und vor allem in die Gesellschaft integriert werden. Bei allen in ihre Bücher gepackten Emotionen, Informationen und Abrechnungen gelingt es ihr noch, den Leser zu unterhalten.“

Das hat mir sehr gut getan. Sie ist bekannt für ihre ehrlichen Rezensionen, die ihr auch schon so manchen Ärger einbrachten. Deshalb vertraue ich ihren Worten und ihrer Meinung.

Nun bin ich nicht mehr so sehr enttäuscht von den sogenannten Freunden und Verwandten, die sich bis heute nicht mal die Mühe gemacht haben, in eins meiner Bücher zu schauen, deren Meinung jedoch feststeht, dass sie nicht der Mühe wert sind, von ihnen gelesen zu werden. So etwas nenne ich Vorurteil, Interessenlosigkeit, Unkameradschaftlichkeit.

Seitdem sehe ich unsere Freundschaft in einem etwas anderen Licht.

Bei Facebook trat ich Autoren-, Leser-, Werbe-, Kunst-, Selbsthilfegruppen ... und ... und ... und bei und erfuhr sehr viel über das Leben anderer Menschen sowie die Erfahrungen der Autoren. Wenn ich jedoch genau darüber nachdenke, erfuhr ich eigentlich mehr darüber, wie sich andere abstrampeln, um ihre Bücher an den Mann bzw. die Frau und das Kind, also ihre Leser, zu bringen.

Mein Fazit: Ich habe sehr viel darüber erfahren, welche Wege bis zum Bestseller-Autor bisher erfolglos blieben. Sodass ich mit einem lachenden und einem weinenden Auge beschlossen habe, nicht krampfhaft auf Erfolg zu warten, sondern nach anderen Wegen zu suchen ...

Die Fachsimpelei festigte die Freundschaft zu meinen Autorenfreunden, das tat mir sehr gut und ich konnte daraus Kraft schöpfen.

Anthologien sind eine tolle Möglichkeit, mit Geschichten auf sich aufmerksam zu machen und deshalb wollte ich eine herausgeben. Von anderen Autoren erfuhr ich, dass es bei gemeinsamen Buch-Projekten immer irgendwelchen Ärger gab, denn es ist schwer, viele Autoren unter einen Hut zu bekommen. Okay, ich wollte ein solches Projekt starten, informierte meine Autorenfreunde und dachte auf meine humorvolle Art: „Mal sehen, wann der erste Esel kommt und alles niedertrampelt?!“

Mehrere Anthologien mit Lebens- und Kindergeschichten habe ich innerhalb eines Jahres veröffentlicht - die Autoren standen Schlange, um sich in diesen gemeinsamen Büchern zu präsentieren und boten mir ihre Unterstützung an, sei es beim Korrekturlesen, bei der Erarbeitung des Buchsatzes, sie machten Werbung auf ihrem Blog oder auf ihrer Homepage und schrieben unermüdlich Pressemitteilungen. Sie bezogen bei ihren Lesungen meine Bücher mit ein und stellten sie vor.

Alles lief wie am Schnürchen ... bis der Esel im gestreckten Galopp auf mich zukam und dachte, mit Verleumdungen und einer öffentlichen Hetzkampage alles zunichtemachen zu können.

Ich bin der Meinung: „Nur was ich selber tu, trau ich auch anderen Leuten zu“, deshalb fiel ich aus allen Wolken, als ich lesen konnte, welche Lügen sich dieser Esel einfallen ließ, um die beteiligten Autoren unermüdlich davon zu überzeugen, das Projekt zu boykottieren. Wie ich später erfuhr, wollte er die Autoren von meiner Unzuverlässigkeit überzeugen, um selbst dieses Projekt zu übernehmen, denn die Bücher liefen gut.

Einige wenige glaubten ihm und beendeten umgehend unsere Facebook-Freundschaft. Die meisten hielten zu mir und schickten mir alle Kommentare auch aus den geheimen Gruppen sowie die Rundmails, die hinter meinem Rücken unterwegs waren. Charakterstudien konnte ich reichlich betreiben und Material für meine nächsten Bücher sammeln. Auch in diesem Fall sah ich alles positiv und machte das Beste daraus.

Mir wurde bewusst, dass es wirklich Menschen gibt, die wahrscheinlich aufgrund ihrer eigenen Erfolgslosigkeit Frust abbauen, indem sie öffentliche Verleumdungskampagnen starten.

Ich versuche immer alles nach Recht und Gesetz zu machen sowie nach bestem Wissen und Gewissen, also reagierte ich auf diese Aktionen nicht so, wie sich der Esel dies wünschte. Ich überließ ihm das Projekt nicht, blieb ganz ruhig und dachte mir: „Alle, die negative Dinge über mich lesen, können sich selbst ein Bild machen, ob sie diesem Esel glauben oder nicht. Das Projekt lasse ich mir nicht schlechtreden."

Da mich dies unbeeindruckt ließ, erschienen auch schon bald darauf schlechte Rezensionen zu meinen Büchern, natürlich anonym. Ich gehe davon aus, dass das aus Rache geschieht, denn diese Beurteilungen basieren nicht auf ehrlichen Grundlagen. Und dies kann man ganz schnell an Argumenten, die an den Haaren herbeigezogen wurden und sehr fadenscheinig sind, erkennen.

Dies frustriert mich nicht, denn ob ein Buch gefällt oder nicht, auch das ist Geschmackssache. Ich bin der Meinung, dass interessierte Leser dies auch erkennen und sich selbst ein Bild machen können.

Wenn ich hier alle Bücher aufzählen würde, die mir nicht gefallen ... dann würde ich von meinem eigentlichen Anliegen und Thema dieses Buches vielleicht doch zu weit abschweifen.

Dass ich mit negativer Kritik sehr gut umgehen kann, zeigt auch Folgendes:

Letztens kommentierte ein Verleger, der selbst als Autor tätig ist, meine Buchwerbung. Er bot mir an, kostenlos ein Buchcover zu erstellen, denn er ist der Meinung, dass meine Titelbilder alle schrecklich seien.

Ich antwortete ihm gelassen, dass ich sein Angebot zu schätzen weiß, jedoch dankend ablehne, denn ob man ein Cover schön oder schrecklich findet, ist Geschmackssache. Er hätte ja die Möglichkeit, mich zu blockieren und somit bliebe ihm der Anblick meiner Bücher erspart. Außerdem sollte das Titelbild zum Inhalt des Buches passen.

Meine Geschichten sollen Menschen Mut machen und dementsprechend sind auch die Coverbilder. Sie sind hell und vermitteln Lebensfreude.

Die bisherigen Leser geben mir Recht, denn sie bestätigen mir dies immer wieder.

Zum Glück ist mein Selbstbewusstsein sehr gestiegen - ich lasse mir durch nichts und niemanden mehr die Laune vermiesen.

Mein Hobby „Bücher schreiben“ tut mir gut. Ich habe eine sinnvolle Aufgabe, kann etwas Nützliches machen, fühle mich nicht mehr wertlos. Der Kontakt zu meinen Autorenfreunden und meinen ersten Fans wirkt sich so positiv auf meine Seele aus, dass ich sehr froh bin, diesen Weg für mich gefunden zu haben. Im öffentlichen Leben hätte ich niemals so viele Menschen auf einmal getroffen. Das ist der große Vorteil der sozialen Netzwerke.

Meine Werbung bringt Erfolg, die Bücher werden gekauft, gelesen und gut bewertet.

Was will ich mehr?

Einige Autoren begleiten mich auf meinem Weg. Wir schreiben gemeinsam Bücher und machen auch gemeinsam Werbung. So erreichen wir viel mehr Menschen, denn neue Autoren schießen wie Pilze aus dem Boden, irgendwie scheint zurzeit fast jeder ein Buch geschrieben zu haben oder denkt bereits darüber nach. Unzählige Bücher werden täglich veröffentlicht und auch gegen diese Fülle müssen wir ankämpfen. Wir noch kleine Autoren-Gemeinschaft sind uns einig, dass wir nur eine Chance haben, wenn wir lesenswerte Bücher in guter Qualität herausbringen und die Menschen somit überzeugen, auch die nächsten unserer Bücher lesen zu wollen.

In den Therapien habe ich gelernt, meinen Alltag so umzugestalten, dass er etwas erträglicher wird. Ich sammle Kräfte, um das Nötigste zu tun und belohne mich danach selbst mit etwas Positivem. Und das ist das Schreiben geworden. Ich genehmige mir Zeit zum Schreiben und ich hätte nie gedacht, dass das meine Seele befreien würde. Es ist wirklich so, früher dachte ich, ich muss mir alles merken, damit ich kontern kann, wenn meine Eltern mir Vorwürfe machen sollten. Da nun alles aufgeschrieben ist, kann ich denen notfalls die Bücher übergeben und ich muss mir nichts mehr merken. Ich habe den Kopf frei bekommen.

Dies umzusetzen strengte mich in der Vergangenheit sehr an, weil jedes Mal unangenehme Erinnerungen hochkamen und meine Seele aufgewühlt wurde.

Weil ich mir mit allem viel Zeit ließ, konnte ich innerlich zur Ruhe kommen.

Ich mache alles nur noch in Ruhe der Reihe nach. Mit viel Geduld habe ich es geschafft, mich jetzt von niemandem mehr hetzen zu lassen. Und dass ich ehrlich zu mir selbst bin, das ist auch wichtig.

Ich setze mir kleine Ziele, was ich unbedingt erledigen muss.

Anfangs schrieb ich alles auf Zettel, um meine Vorsätze vor Augen zu haben. Und abends strich ich durch, was ich geschafft hatte. Das tat auch gut. Und wenn es mal nicht viel war, ärgerte ich mich nicht, sondern schrieb es als Vorsatz für den nächsten Tag auf. Schon bald erstellte ich statt Tagesplänen einen Wochenplan. Dies gelang mir nur über einen großen Zeitraum. Umdenk- und Umgewöhnungsprozesse dauern eben lange. Hier ist viel Geduld vonnöten.

Alles was auf mich zukommt, versuche ich in etwas Positives umzuwandeln.

Mein Psychologe fragte mich, ob ich mich bei trübem Wetter besonders mies fühlen würde.

„Nö“, erwiderte ich, „das empfinde ich als positiv, denn dann kann ich ohne ein schlechtes Gewissen zu haben, auf der Couch liegen. Bei schlechtem Wetter ist keine Gartenarbeit möglich, mit der Kleinen muss ich nicht an die Luft, bei solchem Wetter jagt man ja auch keinen Hund vors Haus ...“

Diese positive Einstellung hebt meine Stimmung und hilft mir unterdessen **Lebenslust** statt Lebensfrust zu empfinden.

Das war ein harter Kampf bis hierher durchzuhalten. Jedoch gelingt es mir immer besser.

Auch dass ich meinen Humor nie verloren habe, hilft ungemein. Selbst als meine 5-jährige Enkelin letztens feststellte: „Omi ist etwas verwimmelt“, habe ich dies mit Humor ertragen. Sie hat ja irgendwie Recht. Die jahrelange Seelenqual hat ihre Spuren hinterlassen, ab und zu fühle ich mich gedankenverloren.

Dass meine Tochter vor ca. 15 Jahren die Diagnose Borderline erhielt, ist auch ein Grund dafür.

Irgendwie kam ich nie zur Ruhe. Aufgrund ihrer seelischen Probleme ist es ihr nicht möglich, sich ausreichend um ihre Tochter zu kümmern, sodass unsere kleine Enkelin bei uns lebt.

Auf die Hilfe meiner Eltern konnte sie nicht hoffen, denn als sie denen ihr Urenkelchen vorstellen wollte, wurde sie von meinem Vater begrüßt: „Wenn DIE plärrt, fliegt ´se aus dem Fenster."

Meine Tochter zog sich gar nicht erst aus, verabschiedete sich nur von meiner Mutter und hat seitdem auch keinen Kontakt mehr zu denen.

Nun kann sie nachvollziehen, wie lieblos ich behandelt wurde.

Ich habe es mir gründlich durch den Kopf gehen lassen, ob ich mit meinen psychischen Problemen ein Baby/Kleinkind betreuen möchte – ob ich dies überhaupt schaffe ... Aber auch das sehe ich nur positiv.

Nach wie vor fühle ich mich, wenn ich morgens erwache, als hätte mich ein Panzer überrollt. Schon allein der Gedanke ans Aufstehen ist sehr unangenehm. Ich quäle mich aus dem Bett, mache das Frühstück. Ich muss aufstehen, damit die Kleine pünktlich in die Kita kommt. Viele meiner Gedanken gelten ihr, damit sie gut versorgt und behütet ist. Auch das kostet mich viel Kraft, aber wenn ich ihr Lachen höre, ihre leuchtenden Augen sehe und sie auf mich zugelaufen kommt und ruft: „Omi, ich habe dich soooo lieb“, das ist Lohn genug. Dank ihr habe ich einen geregelten Tagesablauf und auch dies hilft mir gegen das Gedanken-Karussell. Ich kann leichter dagegen ankämpfen, weil ich eine wichtige Aufgabe habe und gebraucht werde.

Meine Tochter hat jederzeit Kontakt zu ihrer Kleinen. Wenn es ihr gut geht, verbringen die beiden Zeit miteinander und das tut ihnen gut. So wird die Kleine dem Gefühls-Chaos ihrer Mama nicht ausgesetzt, denn wenn meine Tochter in eine negative Phase abrutscht, die oft mehrere Tage andauern kann, bekommt es die Kleine gar nicht mit.

Zu all dem kam noch erschwerend hinzu, dass sich der Freund meiner Tochter das Leben nahm. Endlich hatte sie einen jungen Mann gefunden, der Verständnis aufbrachte, sich auch liebevoll um die

Kleine kümmerte, sie mit einbezog in die Partnerschaft, sodass wir hofften, dass sich eine Familie daraus entwickeln könnte. Aber leider ...

Ausführlich berichte ich darüber im Buch „Todestag“ von Martin Bühler. Ich bin ihm sehr dankbar, dass er mir die Möglichkeit gegeben hat, auch darüber schreiben zu können. Den Titel „Der Tod spielt mit uns Katz und Maus“ habe ich so gewählt, weil auch meine Tochter suizidgefährdet ist und ich mir ständig Sorgen um sie mache.

Gute Freunde fragen öfter nach, wie es mir geht.

Früher antwortete ich immer: „Gut.“ Die Frage war beantwortet und schon hatte ich meine Ruhe.

Bis mir auffiel, dass es mir alles andere als gut ging und ich anfing, über meine Sorgen und Probleme zu reden.

Nun antworte ich meistens: „Es geht mir wie immer, das Gedanken-Karussell ist mit mir unterwegs, aber ich werde auch weiterhin das Beste daraus mache.“

Dann wissen sie Bescheid.

Auch habe ich ihnen versichert, dass ich auf jeden Fall Kontakt aufnehme, wenn ich mal Hilfe benötige. Und ich weiß, dass dies auch alles Freunde sind, die dann wirklich da sind. Das beruhigt mich.

Und hier noch mal ganz klar und deutlich für euch, die ihr immer für mich da seid:

„Wenn mich die Depressionen überkommen, dann bin ich mir bewusst, dass mir nur zwei Wege bleiben:

entweder im Bett zu bleiben und mich zu quälen

ODER

dagegen anzukämpfen, mich nicht reinfallen zu lassen.

Negatives blende ich aus und konzentriere mich auf Positives.

Ihr seid immer für mich da und dafür bin ich euch sehr sehr sehr dankbar.

Als Kind träumte ich mich in die Familien meiner Freunde und fügte mich gedanklich in deren Leben ein. Das machte das Alleinsein irgendwie erträglicher und war eine gute Alternative, um nicht schon damals zu verzweifeln.

Vielleicht hat mich dies alles dazu gebracht, mich in andere Menschen gut einzufühlen und ihnen gute Ratschläge geben zu können, denn unterdessen fragen mich viele um Rat.

Und vor allem, ich musste mir keine fiktiven Geschehnisse einfallen lassen, denn meine „Plauderei aus dem Nähkästchen" hat bisher so einige Bücher gefüllt.

Leseproben zu meinen bisher erschienenen Büchern gibt es auf meiner Autoren-Homepage:
www.autorin-heidi-dahlsen.jimdo.com

sowie auf meiner Autorenseite bei Amazon:
www.amazon.de/Heidi-Dahlsen/e/B00BGO2516/

Wie sieht meine Zukunft aus?

Ich habe mir fest vorgenommen, keine Lebenszeit mehr mit negativen Dingen zu vergeuden. Ich will Freude empfinden und öfter mal lachen. Auf keinen Fall will ich meinen Humor verlieren, denn der sichert mir auch das geistige Überleben ... und solange ich mir den erhalten kann, wird es mir gut gehen.

HARMONIE ist für mich der Schlüssel zu allem. Deshalb versuche ich in alle Situationen viel davon zu bringen.

Ein unbeschwertes Leben ist zwar immer noch nicht möglich, aber wenigstens ein **lebenswertes**.

Depressionen, Panikattacken und

Gefühlsloopings

sind eine

Ich bin manisch depressiv und erlebe ständige Gefühlsloopings von „zu Tode betrübt“ bis „ausgelassen und heiter“.

Dank mehrerer Therapien sind die Panikattacken, Wahrnehmungsstörungen und seelischen Höllenqualen weitestgehend verschwunden. Die Depressionen haben nachgelassen, auch dank Antidepressiva und Bachblüten.

Es war ein ständiger KAMPF, um die Bremse in meinem Kopf zu lösen und ich kämpfe auch weiterhin dafür, dass sie sich nicht wieder festsetzt.

Ich kann jedem nur den Rat geben - Kämpfe gegen alles an, was Deine Seele belastet.

Lass Dich auf eine Therapie ein.

Es ist ein langer Weg, aber der Kampf lohnt sich für ein lebenswertes Leben.

GENUSS

Vom Frustesser zum Genießer

Es hat ebenfalls einige Jahre gedauert, dass ich vom Frustesser zum Genussmenschen werden konnte.
Auch die Umstellung der Essgewohnheiten geht nicht von heute auf morgen.

Wichtig: kleine Portionen auf den Teller legen, langsam essen, gut kauen und sich das Essen auf der Zunge zergehen lassen.

Sei stark –
kaempfe

Um durchzuhalten, sagte ich mir immer wieder:

„Sei stark - kämpfe“

Es lohnt sich.

Für ein besseres Lebensgefühl.

Also ... Sei stark – trau Dich – kämpfe!

Je eher Du den Kampf aufnimmst, je eher wirst Du Dich besser fühlen.

Sei ehrlich zu Dir selbst und hab Geduld.

Wichtig:

Positive Gedanken und eine positive Lebenseinstellung.

Eine gesunde Lebensweise.

Bewegung an der frischen Luft – bewusstes Atmen.

Bewusstes Genießen der Mahlzeiten.

Erholsamer Schlaf.

HOFFNUNG

Gib niemals die Hoffnung auf!

Egal was kommt – gib die Hoffnung nicht auf.
Mach Dir immer wieder bewusst, was Dir gut tut.
Negative Gedanken – schieb sie weg. Suche nach Lösungen, die sich positiv auswirken.
Ich „träume“ mich oft auf eine Blumenwiese, das lenkt mich ab und beruhigt.
Der Glaube versetzt Berge.

ENTSPANNUNG

Entspannung

Sehr wichtig ist es, für genügend Entspannung zu sorgen. Das war eine schwere Übung für mich, denn wenn eine zentnerschwere Last auf den Schultern liegt und der Kopf verrücktspielt, ist es schwierig, zur Ruhe zu kommen.

Ich suche eine CD aus, lege mich auf die Couch, schließe die Augen und lenke meine Gedanken in mir angenehme Richtungen. Dabei achte ich auf die Atmung.

Wir haben drei Hunde und die wollen regelmäßig raus. Täglich sind wir ein bis zwei Stunden unterwegs. Das tut mir sehr gut und reicht mir als sportlicher Ausgleich. Das Zwitschern der Vögel ist wie Musik in meinen Ohren und trägt ebenfalls zum Wohlfühlen bei. Im Herbst finden wir so ganz nebenbei Pilze, die wir uns über den Winter schmecken lassen. Das wirkt sich nachhaltig positiv auf mein Bewusstsein aus.

Wartezeiten beim Arzt nutze ich zur Entspannung. Statt Panik zu bekommen und weglaufen zu wollen, lehne ich mich zurück, atme ruhig durch und lasse meine Gedanken fließen. Ich muss ja sowieso warten bis ich dran bin, es bleibt mir nichts anderes übrig – also sage ich mir: „Positiv denken und das Beste daraus machen.“

Lebenslust

Mein Motto:

Lebenslust statt Lebensfrust

Zu meiner Lebenslust zähle ich das Zusammensein mit meiner Familie –besonders das mit meiner kleinen Enkelin, die noch viel Aufmerksamkeit braucht. Also lese ich ihr vor, backe mit ihr Kuchen, wir malen viel oder schauen Kinderfilme an. Unsere Tiere tragen auch sehr dazu bei, dass ich Lebenslust empfinden kann.

Meine veröffentlichten Bücher sind für mich der schönste Lohn.

Alle schlechten Erlebnisse sind aufgeschrieben, ich muss sie mir nicht mehr merken und sie kommen mir deshalb auch nicht mehr oft in den Sinn. Ich konzentriere mich auf die Buch-Projekte, die ich noch im Kopf habe und baue sie aus. Somit habe etwas zu tun und bin abgelenkt von negativen Dingen. Die Zusammenarbeit mit anderen Autoren, die sich unterdessen als wahre Freunde erwiesen haben, tut mir sehr gut.

Jeder bestimmt für sich selbst, wie er sein weiteres Leben gestalten möchte.

Ich habe mich entschieden!

Ich lasse die Vergangenheit hinter mir und schaue optimistisch in die Zukunft.

Autorin Heidi Dahlsen

Seit meiner Geburt im Jahre 1960 lebe ich in der Nähe von Leipzig. Ich bin verheiratet und habe zwei Kinder sowie eine Enkelin. Vor zehn Jahren habe ich mit dem Schreiben begonnen. Weil mein Leben von Anfang an ziemlich turbulent war, habe ich mir seelisch „Luft verschafft“, indem ich die Erlebnisse aufschrieb. Alles bekam ich in einem

Buch gar nicht unter und da mir das Schreiben unterdessen so viel Freude bereitete, konnte ich bereits sieben Bücher veröffentlichen.

Meine Eltern betonen noch heute abfällig: „Du bist doch nur entstanden, weil wir Langeweile hatten."

Was aus so einem Kind schon werden kann, fragen Sie sich gerade? Das können Sie in meinem ersten Buch **„Lebt wohl, Familienmonster"** nachlesen und im Nachhinein an allen Höhen und Tiefen meines Lebens teilhaben. Auf der Suche nach einem harmonischen Familienleben stolperte ich von einer Katastrophe in die nächste. Ich kann Ihnen versprechen, dass Ihnen beim Lesen nicht langweilig wird.

Während einer Geburtstagsfeier erzählte ich aus meinem Leben. Ein Gast sagte: „Oh Mann, das hört sich ja an wie aus einem Roman. Das solltest du alles aufschreiben." Das tat ich und schon bald gab es kein Halten mehr. Im Nachhinein stellte ich fest, dass das Schreiben meine Seele befreit hatte.

http://www.amazon.de/Lebt-wohl-Familienmonster-Heidi-Dahlsen-ebook/dp/B00NDP8EZW/

„Alles wird gut ... “ ist mein zweites Buch. Zu diesem Titel hat mir mein Sohn verholfen. Immer, wenn ich fast am Verzweifeln war, tröstete er mich damit und ich konnte auch hier in die Handlung viele Erlebnisse aus meinem Leben einbauen.

http://www.amazon.de/Alles-wird-gut-Heidi-Dahlsen-ebook/dp/B00S313JT2/

Schon bald war ich so in Schreiblaune, dass die Fortsetzung **„Ein Hauch Zufriedenheit“** nicht lange auf sich warten ließ.

http://www.amazon.de/gp/product/B00UWOCDRM

Im **„Gefühlslooping“** erhalten Sie einen Einblick in die Psychiatrie. Dabei habe ich aus meinem ständigen Gefühlschaos mit manischen und depressiven Phasen geschöpft und auch den Leidensweg meiner Tochter, die am Borderline-Syndrom erkrankt ist, aufgeschrieben.

Jahrelang wurden wir damit konfrontiert, dass der Großteil unserer Gesellschaft mit psychisch Kranken weder umgehen kann, noch gewillt ist, Verständnis für uns aufzubringen. Ich wende mich mit diesem Buch an Betroffene von psychischen Krankheiten und möchte ihnen Lösungswege aufzeigen. Allen anderen Interessierten soll es ein Ratgeber sein.

http://www.amazon.de/gp/product/B00OINWOOA/

Im **Hoffnungsschimmer** erfahren Sie wie es mit Christine, Olli, Lydia und Jutta weitergeht. Der Alltag mit seinen Höhen und Tiefen hält für alle einige Überraschungen bereit. Ihre Wünsche gehen in Erfüllung, so manches Mal jedoch ganz anders als erwartet. Sie tragen es dennoch mit Humor und sind sich sicher: wenn man ab und zu über seinen eigenen Schatten springt, kann man vieles erreichen. Immer noch handeln sie nach dem Motto: `Gemeinsam haut uns nichts so schnell um´ und stehen sich in allen Lebenslagen bei.

http://www.amazon.de/Hoffnungsschimmer-Alles-wird-gut-4-ebook/dp/B0161RSJJO/

Nachdem ich 2010 die Diagnose Krebs erhielt, war ich verzweifelt und sagte mir immer wieder: „Halte durch, sei stark - kämpfe!“ Ein Jahr später kam ich langsam wieder zu Kräften und schrieb mir nun diese **Seelenqual** vom Herzen, auch weil sie für mich **mit** einem **Happy-End** ausgegangen war.

http://www.amazon.de/Seelenqual-mit-HappyEnd-Heidi-Dahlsen-ebook/dp/B00T71QMDW/

Danach erfüllte ich mir einen Traum. Ich liebe Weihnachten und die Geschichten, die dieses Fest so besonders machen. Also fragte ich mich: „Warum nicht dieses Thema aufgreifen und dem Leser eine Weihnachtsbotschaft vermitteln?“ Dabei „half“ mir eine kleine Elfe, deshalb auch der Titel **„ElfenZauberei“.** Dieses Buch ist ein Lesevergnügen für Kinder ab etwa zehn Jahren sowie für Leseratten bis ins hohe Alter.

So wie die Geschichte unter die Haut geht, werden Sie sich in Zukunft sicher gut überlegen, was Sie sich wünschen. Denn Sie erfahren, dass es ganz schön turbulent zugehen kann, wenn Wünsche wirklich in Erfüllung gehen.

http://www.amazon.de/ElfenZauberei-Heidi-Dahlsen-ebook/dp/B00OKZ559M/

Mein neustes Buch ist eine **„KAMPFANSAGE"**. Nachdem mir bewusst geworden war, dass ich manisch depressiv bin, nahm ich den Kampf gegen die Depressionen, Panikattacken und Gefühlsloopings auf. Sie erfahren, welche Lösungswege ich gefunden habe, um heute ein lebenswertes Leben führen zu können. Dieses Buch ist ein Ratgeber für Betroffene und all diejenigen, die sich nicht davor scheuen, sich mit den Tabu-Themen der psychischen Krankheiten auseinanderzusetzen.

http://www.amazon.de/Kampfansage-Kampf-Depressionen-Panikattacken-Gef%C3%BChlsloopings-ebook/dp/B00U54SA3U/

Auf meiner Webseite:

www.autorin-heidi-dahlsen.jimdo.com

finden Sie u.a. Leseproben zu meinen Büchern sowie Infos zu meinen Autorenfreunden und Buchtipps.

Viel Spaß beim Stöbern.

14518140R00046

Printed in Poland
by Amazon Fulfillment
Poland Sp. z o.o., Wrocław